AF250932

BIOGRAPHIES ALGÉRIENNES

Typographie Mécanique d'Adrien Delcambre et Comp., rue Breda, 15.

BIOGRAPHIE

DU

COLONEL MARENGO

Commandeur de l'ordre impérial de la Légion-d'Honneur
Inspecteur général des milices en Algérie
Maire de Douera

DES MILICES

AU POINT DE VUE DE LA COLONISATION ET DE LA SÉCURITÉ EN ALGÉRIE

DES GARDES NATIONALES EN GÉNÉRAL

PAR

LOUIS LOYER DE LA METTRIE

SE VEND

CHEZ LES PRINCIPAUX LIBRAIRES DE FRANCE ET DE L'ÉTRANGER

AU PROFIT DES PAUVRES COLONS

1854

BIOGRAPHIE

DU COLONEL MARENGO

Commandeur de l'ordre impérial de la Légion-d'Honneur
Inspecteur général des milices en Algérie
maire de Douéra

L'armée française en Afrique a certainement pro-
duit de grands capitaines, dont la gloire et les talents
sont des gages d'illustration et de bonheur [pour la
France qui enregistre avec orgueil leurs actions d'é-
clat, leurs grands travaux dignes de l'admiration
de la postérité ; mais si un nom doit se léguer à nos
descendants pour être béni par l'amour et la reconnaissance, c'est assurément celui du colonel Marengo,
le fondateur et l'auteur de la création agricole, le
philanthrope qui a su rappeler l'honneur et le dévouement à la patrie dans des cœurs souillés et li-

vrés au désespoir par le châtiment afflictif, le créateur des promenades publiques et délicieuses d'Alger.

La tâche de son historien biographe ne consiste donc qu'à rapporter ces faits ; car ces faits sont beaux et nombreux, et évoquent la reconnaissance de tous les colons, le plaçant en première ligne parmi les grands hommes de l'Algérie... Que Dieu nous conserve longtemps ce cœur généreux, dispensateur de tant de bienfaits ! que S. M. l'Empereur Napoléon III lui accorde, pour notre prospérité, la confiance dont il s'honore, et lui assure le pouvoir nécessaire à l'accomplissement de ses œuvres.

Le colonel Marengo, dont le nom véritable de famille est Joseph Cappone, est né le 8 janvier 1787 à Casale, qui faisait partie d'une province du Piémont, constituée en département français (le département de Marengo), sous le règne impérial de Napoléon Ier, dit le Grand.

Par vocation de jeunesse, le colonel Marengo devait ou entrer dans les ordres religieux ou devenir soldat et bon soldat ; mais, à cette époque, la gloire des armes françaises embrasait tous les cœurs, et Joseph Cappone s'estimant Français, le désir de suivre la carrière militaire prévalut ; il s'y prépara, devant être incessamment appelé sous les drapeaux, car on incorporait alors fort jeunes ceux que la loi de recrutement désignait par le sort.

Il avait profité des leçons d'escrime qu'un vieux soldat de sa commune lui donna, et il s'était costumé en vélite de la garde impériale, dont il portait avec fierté le chapeau ; c'est au point que quand le jeune Joseph parut devant le général Despinois, chargé du recrutement, celui-ci contempla avec satisfaction l'air martial de la recrue, et charmé de ses réponses brèves et pleines d'enthousiasme guerrier, lui proposa un engagement volontaire dans la garde impériale, dont il avait revêtu l'uniforme par anticipation. Joseph Cappone accepta avec joie et gratitude. Il fut dirigé sur le dépôt de la garde à Courbevoie près de Paris.

Cappone se montra toujours zélé soldat, propre et désireux d'apprendre dans les villes ou dans les camps ; très-brave sur les champs de bataille, il était choisi de préférence pour les factions aux portes des grands appartements dans les réceptions solennelles ; l'Empereur l'avait remarqué plus d'une fois avec satisfaction. Sans aucun doute, Cappone serait devenu général, s'il avait calculé avec ambition la position que lui assignait sa réputation ; mais il refusa sans cesse de changer de corps malgré de brillants avantages qu'on lui offrait ; il se montrait content des petits grades qu'il obtenait dans ce régiment de la garde impériale, bornant ses désirs à l'honneur d'y servir avec distinction. En effet il est une remarque à faire pour ces temps héroïques. La fièvre de l'avancement ne dévorait personne et chacun s'occupait plus de la gloire présente à laquelle il prenait part que de son avenir, dont on avait peut-être raison de ne pas trop s'occuper, la terre entière étant à conquérir.

Un jour, après la bataille de Friedland, l'Empereur, passant une revue de sa garde, s'arrêta devant le grenadier Cappone et lui dit : « Je t'ai souvent remarqué, je suis content de toi, quel est ton nom ? Sire, je me nomme Joseph Cappone, » lui répondit-il avec orgueil. Napoléon sourit et reprit : « Allons, un brave soldat comme toi ne peut se nommer *Cappone*, tu t'appelleras désormais Marengo, » puis il passa.

Il faut rendre ici justice au colonel Marengo ; partout, en toutes circonstances, il s'est montré reconnaissant de la bienveillante protection de son bienfaiteur. Chez lui, dans sa famille, sa vénération pour

Napoléon est passée à l'état de culte, et son appartement particulier a toujours été orné d'un buste ou d'un portrait de l'empereur. Dans ses établissements publics il a su constamment trouver une place pour y faire resplendir son idole; c'est ainsi, que même, sous le règne de Louis-Philippe, il lui éleva une colonne, décorée du nom des batailles les plus célèbres de l'Empire. N'étant point assez riche pour faire exécuter une statue en marbre et la placer au-dessus du chapiteau de sa colonne, il la sollicita nombre de fois et il a poussé la reconnaissance à faire sculpter sur le socle le petit chapeau napoléonien. Sous la république, il ne manqua pas de solliciter selon son cœur, et obtint enfin un buste colossal en marbre de son Empereur béni, tel que nous le voyons aujourd'hui ornant la belle allée du jardin Marengo, la seule promenade publique d'Alger.

Le colonel Marengo a fait toutes les campagnes de l'armée impériale sous Napoléon le Grand; il ne s'est jamais absenté de son corps depuis 1807, date de son incorporation. Guidé par l'aigle de la victoire, il a parcouru de triomphes en triomphes, l'Italie, l'Espagne, l'Allemagne, l'Autriche, la Prusse et la Russie; il combattait dans cette malheureuse mais glorieuse campagne de France de 1814, éclairée par les satellites de gloire. Il a assisté aux mémorables campagnes de Fridland, Wagram, Eylau, d'Espagne, la Moscowa et tant d'autres ; enfin il était lieutenant des grenadiers de la garde impériale sur les bords de la Loire, lorsque l'armée française fut licenciée à la suite de nos malheureux désastres.

Mais la réputation que le lieutenant Marengo s'était acquise pour l'exactitude et la précision dans les manœuvres le sauva de la réforme ou de la mise en disponibilité ; il fut nommé capitaine adjudant-major à l'école militaire de Saint-Cyr, emploi qu'il occupa avec distinction jusqu'aux journées de juillet 1830.

Envoyé en Algérie avec le grade de chef de bataillon à la légion étrangère, son génie créateur lui fit multiplier ses recherches pour parvenir à assainir la plaine de la Mitidja, dont les émanations pestilentielles furent si funestes à notre armée pendant les premières années de l'occupation. Mais l'activité de M. le commandant Marengo sembla le préserver du fléau dévastateur, et son exemple d'abnégation retrempa le courage de tous les autres ; il fut le dernier qui se retira de la Rassauta, située dans la plaine, après avoir vu succomber tous ses devanciers.

En 1834, une ordonnance royale constitua à Alger les ateliers du boulet militaire de l'armée et la direction en fut confiée au commandant Marengo. C'est vraiment de cette époque que date la vie d'Afrique du brave colonel qui a su créer de merveilleux ouvrages à l'aide des malheureux qu'il consolait ; mais entrons dans les détails.

Tout le monde connaît la parcimonie obligée que l'administration apporte dans l'alimentation des condamnés militaires, et ceux d'Alger en souffraient d'autant plus que les légumes étaient rares et fort chers durant les premières années d'installation.

Le commandant Marengo déplorait cette dure nécessité et s'efforçait d'y trouver remède, lorsque, considérant les environs ouest de la ville, il conçut l'idée de transformer les affreux cimetières musulmans, dont les ruines encombraient les avenues et désolaient l'aspect, en un jardin potager alimentaire destiné aux condamnés qu'il dirigeait.

Le projet était beau et digne d'une philanthropie prévoyante, mais il fallait les premiers fonds pour commencer, et c'était l'obstacle. Le commandant en chercha partout, mais partout les portes des coffres-forts de l'Etat lui furent fermées. Enfin

M. Blondel, alors directeur des finances en Algérie, homme doué de grands talents administratifs et dont nous nous proposons d'écrire bientôt la biographie, trouva dans les revenus des mosquées quelques ressources qu'il mit à la disposition du commandant Marengo.

De ce moment les difficultés disparurent; un des côtés ouest de la ville couverts de tombes fut déblayé, labouré, ensemencé; on réserva les pierres pour les murs de soutènement qui sont d'une admirable beauté et d'une prodigieuse hardiesse, pour les rampes, les escaliers, etc.; on profita des marabouts ou grands tombeaux; le commandant en fit même transporter de fort loin dans l'enceinte réservée qui furent transformés en kiosques élégants, dédiés aux dames de la famille régnante. Rien ne fut épargné pour l'agrément de la promenade et pour l'utilité du jardin potager, base de l'implantation. Avec environ six mille francs, le commandant construisit cette delicieuse promenade pour laquelle une administration ou des particuliers eussent dépensé plus de six cent mille francs.

Ce jardin était primitivement divisé en deux parties : l'une supérieure consacrée à la promenade publique et plantée d'arbres de toute espèce; l'autre réservée aux légumes exclusivement destinés à l'alimentation des condamnés militaires; ce fut un grand adoucissement pour ces malheureux qui non-seulement récoltèrent des légumes en suffisance, mais vendirent encore l'excédent au marché d'Alger. Le prix de ces ventes journalières était également consacré à l'ordinaire.

Ce succès réjouit beaucoup le cœur du commandant Marengo qui appréhendait néanmoins qu'une administration quelconque n'enlevât à ses pauvres condamnés ce bien-être amassé par leurs mains, aussi crut-il devoir en appeler aux sentiments de tous les chefs d'administration par une invitation rendue publique. C'est pourquoi il fit graver sur deux pierres et plus tard sur deux tables de bronze, qui furent scellées dans les piliers de la porte d'entrée, cette douce mais douloureuse pensée : *Soulagement à l'infortune, honte à qui l'en privera.* Aujourd'hui, le jardin potager a disparu parce que les ateliers des condamnés au boulet ont été transportés ailleurs; d'agréables bosquets les remplacent mais les tables de bronze et leur inscription existent toujours.

Dans ces constructions, le commandant Marengo ne dédaigna les avis de personne, au contraire, il allait au-devant des observations, mais il fit preuve d'une rare sagacité en n'acceptant que ce qui était bon et praticable, en distinguant le possible de l'impossible, l'économie de la prodigalité. Je me souviens qu'un jour, il fit voir à un architecte de la ville d'Alger un petit tertre, sur lequel il avait l'intention d'établir une construction en maçonnerie. — Je ne vous conseille pas cela, lui répondit l'architecte, je préférerais vous y voir planter une douzaine de beaux palmiers qui s'apercevraient de toute la ville. — Mais, objectai-je, où prendre ces palmiers qui ne se replantent, dit-on, qu'entourés de leur terre natale ? — Parbleu, dit l'architecte, on peut les envoyer chercher à Tunis en préparant le vaisseau de manière à transporter leur entourage de terre. Ce n'était qu'une question d'argent, comme on le pense bien ; le commandant négligea cet avis assez intempestif devant le manque de fonds qui le restreignait dans différentes opérations ; mais il profita de l'opinion du même architecte, qui insistait à tout sacrifier pour la verdure, dans un pays brûlé en été.

Je me souviens encore d'un épisode qui honore

beaucoup la sensibilité du colonel Marengo. Tous les jours il voyait une vieille Mauresque venir pleurer sur une tombe placée à gauche de l'entrée principale et qui devait être bientôt démolie. Pressé par une sympathique curiosité, il alla trouver la vieille Mauresque, et lui demanda la cause de ses regrets. Hélas! dit-elle, c'est ici que la terre recouvre le corps de mon époux, le père de mes enfants. Le commandant fit respecter la tombe, l'entoura d'arbustes, de fleurs et la fit blanchir; la pauvre veuve put venir chaque jour pleurer des restes chéris et mêler sa reconnaissance à ses regrets.

Cependant le commandant Marengo administrait ses ateliers avec une sollicitude parfaite; sévère jusqu'à l'extrême envers les mauvais sujets, il se montrait humain et prévoyant à l'égard des bons ou des moins pervertis. Non-seulement il voulut améliorer leur nourriture, mais il tenta aussi de les rattacher à la société et de les y ramener avec une instruction et des connaissances pratiques que ces malheureux n'avaient point en la quittant.

Il institua donc une école d'enseignement mutuel dans laquelle les condamnés firent d'étonnants progrès, il prépara un gymnase, fit ouvrir des salles de lecture et d'entretien familier où des lecteurs leur représentaient la vie des grands hommes français ; enfin il fit construire pour eux une salle de spectacle fort élégamment décorée et peinte aussi par eux, sur la scène de laquelle ils répétèrent les meilleures pièces de la comédie française, devant une société choisie et charmée de la ville d'Alger. Chaque soir en revenant des rudes travaux du port, les condamnés militaires trouvaient à l'atelier les moyens de s'instruire et de se rattacher à la société par les exercices et les habitudes qu'elle exige.

Le commandant Marengo ne s'en tint pas à ces améliorations si louables et si utiles. Les condamnés au boulet étaient des militaires, il voulut les associer à la gloire de l'armée active, il obtint donc de les armer et de les commander lui-même devant l'ennemi ; la veille du départ de la première expédition, il en passa la revue sur l'esplanade Bal-el-Ared et leur ayant fait former le carré, il leur adressa ces paroles : « Soldats, car vous êtes soldats, demain au point du jour, nous marcherons ensemble au-devant de l'ennemi, rappelez-vous votre devoir ; c'est de servir la patrie avec honneur et de lui sacrifier sa vie avec dévouement ; ne rougissez donc point de l'habit que vous portez, mais rappelez-vous que votre nom peut s'inscrire encore dans les annales de la gloire.» Ces paroles furent couvertes d'acclamations enthousiastes partant du cœur; ces pauvres condamnés eussent tout fait. Chaque fois qu'il était de retour, le commandant Marengo obtenait jusqu'à deux cents et trois cents grâces.

Nommé lieutenant-colonel, il fut chargé par intérim du commandement de la place d'Alger qu'il conserva du reste titulaire dans le grade de colonel et jusqu'à l'heure de sa retraite.

C'est dans cette position que le colonel Marengo se livra à de sérieuses études sur l'établissement agricole civil, car il vit avec tous les hommes spéciaux que la colonisation était fort difficile, sinon impossible, par de pauvres colons ayant pour conditions premières de construire une habitation capable d'abriter leurs familles et de couvrir leurs bestiaux ou leurs denrées; il jugea sainement de l'impossibilité où se trouvait le gouvernement de subvenir aux frais généraux de première installation, mais il pensa aussi que cette difficulté pouvait être tranchée en trouvant le moyen d'établir les constructions indispensables par des mains peu coûteuses et de livrer ensuite ces habitations aux colons les plus aisés, moyennant remboursement. De cette manière, l'Etat n'avait aucun embarras et ne faisant que des avances hypothéquées, et les colons trouvaient à peu de frais une installation toute préparée qu'ils eussent payée en se ruinant avec des ressources ordinaires.

Ce projet était magnifique, le colonel Marengo proposa les condamnés qu'il administrait.

Mais il rencontra des obstacles insurmontables; les intérêts d'abord, puis les susceptibilités ! L'administration civile ne se montra pas portée pour le projet par une raison qui se connaît, celle de n'avoir pas les mêmes ressources que le colonel dans la création des villages. La famille royale recula ; la reine à qui le colonel s'était adressé avec religion et sympathie, refusa par crainte d'initiative ; enfin ce beau projet allait être abandonné lorsque M. le maréchal Soult, ministre de la guerre, de qui le colonel Marengo était parfaitement connu, agréa la proposition et donna carte blanche au colonel.

Je ne dirai point quelles ont été les difficultés que le colonel Marengo a eu à surmonter dans l'exécution d'un tel projet, pour construire par famille une maison en pierre avec étage, recouverte en tuiles ; déblayer les emplacements ; défricher et ensemencer 4 hectares de terre couverte de palmiers nains ; établir des carrières ; fabriquer la brique, la tuile ; façonner la serrurerie ; préparer la charpente et la menuiserie, peindre et décorer avec des mains de condamnés militaires sans profession de ce genre, car je serais peu croyable.

Mais ce que je redirai bien haut et que la vérité montre et prouve, c'est la construction parfaite des villages Saint-Ferdinand et le château, la Consulaire, le Marabout, Sainte-Amélie, Mohelma, Jouka, le couvent des Trapistes à Stauel, le couvent de Saint-Sauveur à Mustapha, et mille autres constructions utiles et considérables.

Bref, ces villages sont les plus beaux de la colonisation ; quoique situés dans les localités les plus abruptes et les plus sauvages, ils sont les seuls qui présentent une prospérité constatée, les seuls peut-être qui affermissent l'avenir de la colonisation européenne dans l'Algérie.

La gloire et les talents ont toujours rencontré des ennemis, c'est-à-dire l'incapacité envieuse ; ceux du colonel Marengo se sont montrés constants, la famille régnante alors, les Orléans, peu reconnaissante. Nommé colonel du 41ᵉ de ligne, pour faire place immédiatement au duc d'Aumale, on accorda au colonel Marengo le commandement de la place d'Alger en guise de bâton de maréchal, puis, sans égards pour tant de services et de services aussi importants, il fut mis à la retraite le 13 février 1848.

Il est vrai que le neveu du grand Empereur, le dieu idole du colonel Marengo est aujourd'hui Empereur tout-puissant des Français, on est donc en droit d'attendre de sa justice et de sa perspicacité déjà si populaire, la récompense que mérite le colonel Marengo et que la population Algérienne attend en quelque sorte avec impatience.

Nommé commandeur de la Légion-d'Honneur, inspecteur général des milices en Algérie, maire de Douera, ces positions permettent à l'admirable activité du colonel Marengo de continuer ses sacrifices à la colonie, nous l'espérons, sachant compter sur un brave et loyal concitoyen.

DES MILICES EN ALGÉRIE

AU POINT DE VUE DE LA COLONISATION ET DE LA SÉCURITÉ

DES GARDES NATIONALES EN GÉNÉRAL

La nomination du colonel Marengo aux fonctions d'inspecteur général des milices en Algérie dénote chez Sa Majesté l'empereur Napoléon une belle et grande pensée, en ce qu'elle affermit et constitue une organisation indispensable, de laquelle ressort tout l'avenir de la colonie.

En effet, comment résumer l'avenir d'une implantation populeuse, si ce n'est par la sécurité, la confiance et la fusion parmi ses habitants de toute origine ?

L'envahissement d'un peuple par un autre peuple,

élève les questions suivantes : le peuple envahisseur subira-t-il l'influence des mœurs, des usages, des coutumes du peuple qu'il vient de soumettre, ou imposera-t-il cette nécessité au vaincu ?... dans les deux cas, doit-on avoir égard à la conséquence numérique de la population ou de la science de conduite qui a rendu vainqueur l'envahisseur ?... certes, deux peuples ne peuvent vivre dans une même contrée affectant des mœurs différentes et si on tolère cette différence dans le principe, elle finit par disparaître à la longue. Il résulte de cette observation que si le peuple victorieux n'est pas aussi nombreux que le peuple vaincu, il doit apporter toute son attention à maintenir intacts et solides les moyens qui lui ont procuré la victoire, attendu que son envahissement entretiendra contre lui la haine de la population conquise, l'engendrera même dans le cœur des enfants jusqu'à une fusion possible. Or, quels sont ordinairement ces moyens de victoire chez le peuple envahisseur ? Ce sont les armes.

Nous trouvons dans notre propre histoire de France, une situation analogue à notre occupation actuelle de l'Algérie ; c'est celle de l'envahissement de la Gaule romaine par les Francs. Cependant, il est

juste de faire observer que si les Francs se trouvèrent inférieurs en nombre, eu égard à la population
gallo-romaine, ainsi que nous nous trouvons en Algérie vis-à-vis des populations arabes et kabyles,
les circonstances furent tout autres pour les Francs
et ils n'eurent que peu de difficultés à surmonter
pour établir la fusion dans un très-court délai, ce
que nous ne saurions espérer en Algérie.

Quelle nationalité trouvèrent les Francs au moment de leur conquête ? Aucune proprement dite :
des Gaulois qui portaient ce nom en raison de celui
du sol sur lequel ils étaient nés ; esclaves des
Romains depuis des siècles, car la domination romaine
ne différait guère du joug esclave ; alternativement
ravagés par les Cimbres, les Teutons, les Huns, les
Vandales, les Goths, les Visigoths, les Ostrogoths,
soupirant après un repos inappréciable et inespéré
pour eux. La conquête des Francs fut sans doute un
nouveau pillage, mais les Francs, s'établissant d'une
manière définitive, allaient devenir les protecteurs du
toit et des travaux des vaincus ; or, des vainqueurs
assez puissants pour procurer de tels avantages ga-
rantissent également la vie de leurs sujets.

Une autre circonstance, immense dans ses résultats, hâta aussi la fusion des Francs avec les Gaulois et sous des conditions fraternelles et indissolubles ; ce fut la propagation du christianisme, religion nouvelle prêchant la liberté aux peuples esclaves.

Il n'en est certainement pas ainsi de l'Algérie où nous trouvons des populations libres depuis la création, sobres par le climat, peu désireux du luxe, au point de se contenter des objets les plus indispensables, braves par instinct et fanatisés par une religion implacable envers l'ennemi.

Devant des conditions de cette nature, sommes-nous en droit d'espérer, d'attendre une fusion immédiate ou du moins rapprochée?... non sans doute, et nous commettrions une grande faute en nous berçant dans une conviction trompeuse. Si cette fusion s'opère, et elle finira par s'opérer au moyen de l'intérêt qui domine toutes les transactions humaines, ce ne sera qu'après de longues tentatives.

D'ici là, nous ne pouvons négliger aucun des moyens qui nous ont procuré la victoire, c'est-à-dire que nous devons vivre continuellement sur nos gardes, autrement dit vivre armés.

Un événement seul serait capable de diminuer pour nous cet état de surveillance, ce serait une émi-

gration volontaire et spontanée d'Européens en Algérie, comme colons, dans des proportions assez
considérables pour égaler en nombre les populations
indigènes. Mais cette condition présente trop d'objec-
tions pour y compter sérieusement, et d'ici à de nom-
breuses années, la population musulmane excèdera
de beaucoup la nôtre; c'est pourquoi la prudence,
l'observation et l'expérience sur les races et les peuples nous recommandent de ne négliger aucun de nos
moyens.

MOYEN PAR LES ARMES

Quand deux peuples vivent en communauté sur un même territoire par suite de l'envahissement de l'un par l'autre, le vainqueur ou l'envahisseur doit conserver le moyen qui l'a rendu victorieux et ne jamais s'en départir, à moins que dans la fusion qui doit être inévitable, il consente à accepter les mœurs du vaincu et à se ployer à ses habitudes, s'il lui est inférieur par le nombre. Or, en Algérie, le pouvoir envahisseur, le cédant sous le rapport numérique à la population musulmane, se trouve obligé de conserver sa prépondérance par les armes, comme ayant été son unique moyen de victoire ou de conquête. Il peut, sans aucun doute, attendre patiemment que sa religion, ses mœurs, son éducation, son instruction, son

indûstrie, etc., finissent avec le temps par persua-
der les Arabes et les Kabyles au point d'établir la fusion complète; mais sous peine d'évacuation du territoire, ou même d'une fusion en perte pour la nationalité, ce que la civilisation européenne rend impossible, il ne peut amoindrir le moyen par lequel il a
conquis, je veux dire diminuer ou négliger sa prépondérance par les armes.

S'il en est ainsi, examinons quelle est la meilleure
voie de soutenir cette prépondérance. Est-ce par
une armée active? non, parce que tout peuple qui
prétendrait s'imposer continuellement à un autre
peuple par une armée active, se ruinerait inutilement
et sans convaincre; la rébellion éclaterait sans cesse,
soit que cette armée s'éloignât, soit qu'elle diminuât
par des nécessités non prévues. Du reste, une armée
envahissante est nécessairement despote et nulle-
ment conciliante, aussi n'a-t-elle jamais été regardée
comme conservatrice. Les Romains, les Grecs, aujourd'hui les Anglais et les Américains ont donné et
donnent cet exemple; ce n'est pas par des combats
incessants que l'on parvient à dominer, mais par une
force calme, intéressée et incessamment présente.

Et où rencontrer cette force calme, intéressée et

incessamment présente, si ce n'est dans la population elle-même, dans la population implantée par la conquête à la suite de l'armée envahissante. Cette force, que nous nommons garde nationale en France, parce qu'elle n'est composée que de Français ; nous la nommons milice en Algérie parce que les étrangers européens vivant sur le sol y sont admis.

Que d'éléments supérieurs à ceux d'une armée active présentent des citoyens armés ! d'abord l'expérience qui ne s'acquiert qu'avec l'âge et une longue habitudesur un même fait ; ensuite la nécessité de défendre les siens et le fruit de ses travaux. Ces mots mourir pour sa patrie, pour son roi, pour l'honneur, etc., sont un peu vagues chez de jeunes soldats célibataires et surtout prolétaires, ainsi que l'offre la composition de notre armée active, bien qu'en France le drapeau remplace la chaumière et la famille ; cependant la différence reste grande dans l'appréciation de la constitution. Une garde nationale raisonne les intérêts du pays, l'armée active marche d'après l'ordre de son général.

La constitution de la milice était donc indispensable comme force réelle et force morale. L'Arabe spécule ses intérêts au point de vue de son avantage matériel, et il redoutera plus une population laborieuse armée qu'un corps actif en expédition, attendu qu'il comprend que l'un doit indubitablement demeurer et l'autre indubitablement s'éloigner et disparaître. Mais c'est ici, je crois, l'occasion de présenter l'histoire en général et la cause première des constitutions des gardes nationales généralement dépréciées comme militaires dans l'esprit de leurs enfants, soldats des corps actifs.

Il est vrai que cette dépréciation ne tient en aucune manière à la considération personnelle du garde national individu; mais qu'elle s'attache à sa tenue, à ses armes, à son peu de goût pour le corps de garde, enfin à son ignorance des manœuvres stratégiques; cette dépréciation est même plus prononcée chez l'officier de l'armée à l'égard de l'officier garde national, pour ces mêmes motifs qui deviennent nécessairement plus marquants et pour eux plus ridicules; mais cette opinion est injuste et irrationnelle devant l'histoire du passé et devant les probabilités de l'avenir : examinons.

Chez les Romains, et l'on peut sans déroger prendre ce peuple pour modèle comme militaire, indépendamment des Grecs et des Égyptiens, les armées, au temps de leur belle puissance, n'étaient composées et ne pouvaient se composer d'après la loi que de citoyens propriétaires, ayant femme et enfants, ils représentaient donc nos gardes nationaux ; ce ne fut que dans la guerre contre les esclaves révoltés, des Cimbres et des Teutons sous Marius, que le sénat consentit à admettre de jeunes prolétaires par nécessité de défense ; mais, même sous les empereurs, les légions romaines comprenaient les femmes et les enfants des légionnaires, origine étymologique de la classification en légions de nos gardes nationales de France.

Tite-Live nous apprend que lorsqu'une légion allait combattre, les soldats seuls s'avançaient vers l'ennemi pour lui livrer le combat ; mais que lorsqu'il s'agissait de camper dans un lieu fortifié et d'y séjourner longtemps pour la sécurité d'une province, alors tous les individus appartenant ou dépendant de la légion, se mettaient en marche, de sorte qu'une légion romaine, représentant douze mille soldats contre l'ennemi, emmenait de trente-cinq à quarante mille personnes à la garnison.

Cette masse se composait des légionnaires, des femmes, des enfants, des grands parents, des esclaves et d'une foule immense de bestiaux de toute espèce, d'ustensiles de ménage, d'outils aratoires et jusqu'aux moulins portatifs, car l'administration ne fournissait point de pain aux légionnaires, mais du blé qu'il fallait moudre pour confectionner le pain alimentaire.

Dans la géographie latine, nous lisons une note assez singulière pour nos habitudes. La municipalité d'Agrigente, ville de Sicile, se crut obligée, par un excès contraire, de rendre une loi, réglant le confortable des citoyens montant la garde aux portes de la ville assiégée ; chaque citoyen ne pouvait avoir au corps de garde que trois matelas, deux concubines et trois esclaves.

Aujourd'hui une paire de gants fourrés ferait déconsidérer un soldat ; cependant les Agrigentins ne se laissèrent point saccager par les Athéniens, et les Romains conquirent le monde entier.

A l'exception des cavaliers du guet ou de la gendarmerie, il n'existait aucun corps d'armée organisé en France avant Louis XI ; quand ce roi avait une guerre à entreprendre il convoquait sa noblesse, tenue de lui amener tant de soldats par fief. C'était donc une garde nationale. Les chevaliers conduisaient cinq écuyers ou soldats combattant avec eux, mais dans les villes, les gardes civiques ont toujours existé et elles gardaient les portes, faisaient les patrouilles, enfin maintenaient la sécurité.

L'armement des gardes civiques présentait un spectacle bien singulier, car, l'État ne fournissant pas d'armes, chaque citoyen convoqué de garde devait se présenter armé de ce qu'il pouvait se procurer en fait d'armes offensives. Ainsi on voyait défiler dans une rue de Paris se rendant à un corps de garde, une troupe de bourgeois dont l'un portait une arque-buse, celui-ci une hallebarde, celui-là une lance, l'autre une fourche, des épiciers le pilon de leur mortier à poivre ou à café. D'où provenait cette dif-formité ? de l'insouciance du gouvernement, mais non des citoyens, qui payaient de leur personne et payaient bien.

Sous Louis XIV, dit le Grand, on louait des capi-taines, espèces de bandits et routiers en temps de paix, qui menaient avec eux une certaine quantité de pillards se battant pour de l'argent, pillant amis et ennemis ; mais il arriva à Avignon, qu'un de ces misérables reçut une leçon cruelle de la part de cette milice qu'il avait ridiculisée devant le maréchal de

Villars, chargé de faire la guerre aux protestants des Cévennes.

Cette petite troupe de miliciens ne fit aucune objection aux plaisanteries de ce capitaine, mais son chef, digne épicier, épia l'occasion, qui ne devait pas tarder à se présenter, l'occasion de lui apprendre à respecter ses concitoyens ; en effet, un soir la troupe de bandits, revenant à Avignon après une mauvaise journée, voulut se dédommager en pillant un meunier des environs. Les garçons du moulin vinrent demander secours à l'état-major du maréchal dont les officiers ne firent que rire attendu qu'ils connaissaient le capitaine et ses hommes, bref ils les envoyèrent par dérision au chef de la milice.

Celui-ci ne perdit pas de temps, il rassembla sa compagnie armée de broches, de pilons, etc., etc., tomba sur les miquelets et les assomma tous y compris leur capitaine.

De nos jours, la garde nationale porte un uniforme et elle est armée régulièrement par l'État ; elle est aussi plus terrible quoique par pure gloriole notre armée affecte envers elle certaine dépréciation malveillante ; mais ils en sont quelquefois sévèrement châtiés et les exemples abondent.

Ces exemples posés, la victoire du peuple sur l'armée, les massacres, etc. ne me paraissent pas choses glorieuses et qui puissent être citées, j'aimerais mieux voir, la patrie déclarée en danger, la république levant spontanément quatorze armées formées de citoyens qui volaient à la défense de la France, mais le souvenir des luttes sanglantes du peuple et de l'armée doit être couvert d'un voile immuable.

En 1789, la reine de France, Marie-Antoinette, fille de l'empereur d'Autriche, assistait aux orgies des officiers des gardes françaises, des Suisses, de la cavalerie et des gardes du corps, dans les salons de Trianon. La garde nationale n'y figurait pas, c'eût été une dérogation de noblesse ; mais quelques années plus tard, ces gardes françaises, ces Suisses, ces beaux cavaliers et ces gardes du corps tombaient massacrés en combattant contre cette garde nationale si méprisée par eux. Le roi et la reine Antoinette expiaient durement leur légèreté.

Qu'étaient Jourdan, Moreau, Masséna, Bernadotte, Bonaparte et tous nos grands capitaines de la république ? des chefs de gardes nationales, chassant les Autrichiens et les Prussiens du territoire français qu'ils avaient envahi, conquérant leurs États, s'emparant de leurs capitales à la tête de valeureuses armées composées de bataillons de gardes nationaux.

En 1815, qui maintint l'Europe ameutée contre la France, dans des limites circonscrites et infranchissables? la garde nationale de Paris et des départements, quoiqu'ils fussent occupés par les alliés des Bourbons.

En 1830, le roi Charles X licencia la garde nationale de Paris, quelques jours avant de rendre ses fameuses ordonnances contre la presse et la liberté individuelle : le 27 juillet, la garde nationale se reconstituait d'elle-même, faisait déposer les armes à l'armée et chassait son roi dans l'exil.

En 1848, elle forçait son roi Louis-Philippe à l'abdication, l'obligeait à se sauver déguisé en Angleterre et proclamait la république; elle éloignait la troupe de ligne dans un rayon de quarante lieues de Paris.

Que personne ne dise que la troupe a souffert ces révolutions, s'est laissée désarmer et éloigner de quarante lieues de Paris par complaisance et par égard pour des frères et des pères, ce serait une capitale erreur!... La troupe a cédé parce qu'elle se sentait maîtrisée et soutenant une cause en ruine, car si elle eût résisté, elle eût trouvé ce que la garde royale et les Suisses ont rencontré, c'est-à-dire la mort!

Qu'ai-je voulu énoncer en accumulant d'aussi terribles exemples? j'ai voulu prouver qu'un peuple est invincible dans la défense de ses institutions, dans la sauvegarde de sa famille, de sa propriété; il ne saurait être vaincu qu'un moment et la mort n'est point une défaite, bien loin d'accuser même une faiblesse; or, la garde nationale n'est autre chose que le peuple armé.

Mais remontons à l'origine des sociétés, attendu que la défense date nécessairement de la formation des sociétés. En quoi consistait cette défense? comprenait-on alors une armée active? Ah! certes non, la défense consistait à réunir le peuple pour éloigner l'ennemi par la force, pour garantir la loi. La garde nationale date évidemment de cette époque.

Considérons l'avenir, aujourd'hui que les hommes les plus sensés et les plus sages du monde ont entrepris une guerre acharnée contre la barbarie représentée par la Russie ou le nord de l'Europe. Quel est leur but; il est connu de tout le monde et proclamé en tous lieux, il consiste à abolir la guerre comme étant une chose absurde et atroce. Il tend à rendre toute guerre impossible, en comprimant l'ambition par des liens indissolubles.

Alors que deviendra l'armée?

L'armée sera peu à peu réduite, puis supprimée comme un fardeau vraiment inutile et ruineux pour l'État. Tel est et tel doit être le motif de la civilisation morale; mais alors aussi la garde nationale subsistera dans toute l'étendue de son pouvoir et remplacera l'armée.

Donc la garde nationale a existé depuis la formation des sociétés, l'armée n'ayant été qu'un intermédiaire de barbarie entre cette formation et le règne général de la civilisation que maintiendra péremptoirement la garde nationale. Dans trois ou quatre siècles on aura besoin d'un Cervantès pour apprendre à nos descendants ce qu'était un soldat.

Il résulte de cet aperçu que l'Empereur Napoléon déploie une sollicitude très-vive et très-prudente à l'égard de la colonie française en Algérie; il prouve qu'il médite des institutions durables et légales pour le pays en les entourant d'une garantie infranchissable et invincible.

Rendons grâce à ses nobles sentiments et remercions-le d'avoir désigné, pour accomplir ce grand travail, l'homme le plus apte et le plus compétent dans cette matière. Personne d'entre nous ne mettra en doute la capacité et la loyauté du colonel Marengo qui méritait cet honneur et ce choix glorieux de la part de l'Empereur des Français, en raison des création sciviles dont il a gratifié, par sa persévérance et son génie, le sol algérien.

LOYER DE LA METTRIE.

www.ingramcontent.com/pod-product-compliance
Lightning Source LLC
Chambersburg PA
CBHW051322060726

47596CB00004B/1433